A ADORAÇÃO

O CAMINHO PARA O SOBRENATURAL

IRINEO GRUBERT

Coordenação Editorial | Silvana Barrozo
Talita Kume Assessoria Editorial
www.editorialtalitakume.com
Telefone: (47) 9 9145.3663

Projeto Gráfico | Jonatas Cunico

G855a
    Grubert, Irineo
       A adoração: o caminho para o sobrenatural / Irineo Grubert. 2. ed. Itajaí (SC): Talita Kume, 2019.
       60 p.

       1. Adoração a Deus. 2. Adorador a Deus. 3. Vida cristã. 4. Espírito Santo de Deus. I. Título.

CDU 241.611

Ficha Catalográfica elaborada por:
Charles Rodrigues CRB 14°/870

Prefixo Editorial: 80838
Número ISBN: 978-65-80838-02-8
Título: Adoração: o caminho para o sobrenatural
Tipo de Suporte: Papel

IRINEO GRUBERT

A ADORAÇÃO

O CAMINHO PARA O SOBRENATURAL

2ª Edição
2019

ÍNDICE

APRESENTAÇÃO

Há quatro leis espirituais, básicas e fundamentais que Deus determinou como sendo o caminho necessário a ser trilhado para entrarmos dentro dEle:

1º. - Meditação na Palavra de Deus
2º. - Oração
3º. - Jejum
4º. - Adoração

Essas leis nos introduzem na presença de Deus e não podem ser somente estudadas, mas têm de ser praticadas.

Ministérios não mudam as pessoas, Deus sim. Foi Ele quem criou as leis espirituais.

A adoração é onde podemos nos perder em Deus, podemos sair da nossa condição natural e entrar na condição sobrenatural de Deus.

Para sermos adoradores não precisamos fazer teologia, nem sermos grandes experts em coisa alguma. Precisamos unicamente nascer de novo e desejar entrar no coração de Deus.

INTRODUÇÃO

Há uma frase muito correta de um amado pastor que diz: "Nós nunca poderemos adorar a Deus o tanto quanto Ele merece".

Através da Fome Física ou Natural, posso entender que podemos encher nosso estômago de comida e logo após a refeição, aquilo que nos parecia tão maravilhosamente apetitoso já não nos atrai mais. Chegamos a ponto de, sequer, podermos ver qualquer comida. Em termos de adoração a situação é diferente, pois, quanto mais experimentamos, mais queremos e nunca nos saciamos.

Deus, quando criou o ser humano – Adão e Eva –, coroando toda a Sua criação, o fez com um objetivo duplo:

Primeiro, para que o homem O adorasse – de todos os seres viventes criados, somente ao homem Deus concedeu condições para adorá-Lo;

Segundo, para que o homem trabalhasse para Ele – não para si mesmo. Deus cercou o jardim do Éden e disse ao homem que trabalhasse para Ele e para isso sujeitou ao homem todas as coisas da terra.

CAPÍTULO 1

NOVO NASCIMENTO

O pecado separou o ser humano de Deus, fazendo-o perder a condição de adorador. Ele foi expulso do jardim e não pôde mais se relacionar espiritualmente com Deus que determinou que, a partir daí ele trabalhasse por e para si mesmo. O homem se alimentaria, então, com o suor de seu próprio rosto.

> *"Com o suor do seu rosto você comerá o seu pão até que volte à terra, visto que dela foi tirado; porque você é pó, e ao pó voltará".*
>
> **GENÊSIS 3:19**

Com tudo isso, Deus estava desenhando Seu maravilhoso plano de salvação, pois no momento seguinte fez outra promessa, só que essa ao diabo, na forma de serpente, dizendo que Ele levantaria da mulher um que lhe esmagaria a cabeça, um que seria parecido com esse Adão que ele (diabo) havia derrubado.

> *"Porei inimizade entre você e a mulher, entre a sua descendência e o descendente dela; este lhe ferirá a cabeça, e você lhe ferirá o calcanhar".*
>
> **GENÊSIS 3:5**

O Adão que caiu, separou-se de Deus, mas Deus levantaria um outro e novamente reconciliaria o ser humano com Ele. Essa promessa se cumpriu em Jesus.

> *"Portanto, como por um homem entrou o pecado no mundo, e pelo pecado a morte, assim também a morte passou a todos os homens por isso que todos pecaram.*
>
> *"... Porque, se pela ofensa de um morreram muitos, muito mais a graça de Deus, e o dom pela graça, que é de um só homem, Jesus Cristo, abundou sobre muitos.*
>
> *"Porque, se pela ofensa de um só, a morte reinou por esse, muito mais os que recebem a abundância da graça, e do dom da justiça, reinarão em vida por um só, Jesus Cristo.*
>
> *"Porque, como pela desobediência de um só homem, muitos foram feitos pecadores, assim pela*

obediência de um muitos serão feitos justos.

"Para que, assim como o pecado reinou na morte, também a graça reinasse pela justiça para a vida eterna, por Jesus Cristo nosso Senhor".
ROMANOS 5:12,15,17,19,21

Então, em Cristo Jesus nós nascemos de novo, pois pelo nosso primeiro pai, Adão, entrou o pecado no mundo, mas pelo nosso segundo Pai, Jesus Cristo, ele saiu.

Deus nos deu, novamente, condições para que pudéssemos cumprir o propósito para o qual havíamos sido criados: **adorá-Lo e trabalhar** para Ele.

Jesus nos salva e nos honra quando ninguém mais acredita em nós.

Um dos grandes erros que observamos hoje é que os filhos de Deus ainda não aprenderam a trabalhar para Deus. Ainda trabalham para si mesmos e sofrem com isso. Temos de trabalhar para Deus agora, pois essa é a virtude de conhecer a verdade e ser feliz em qualquer lugar onde quer que estejamos.

Conheço um pastor africano que está sempre feliz, sorrindo, mesmo em meio a tanta desgraça e destruição. Em um local onde muitos não suportariam passar mais do que alguns momentos, ele está feliz porque não trabalha para si mesmo, mas trabalha para Deus.

Como igreja, precisamos aprender a voltar a trabalhar

para Deus, no entanto, para que ganhemos esse conhecimento, primeiramente temos de adorá-Lo.

No Antigo Testamento Deus não podia contar com o povo como conta conosco, Ele não falava com o povo como fala conosco, porque as pessoas não eram nascidas de novo. Elas tinham leis postas sobre as suas almas, não podiam servir a Deus, porque transgrediam essas leis com suas almas, mas no Novo Testamento as coisas mudaram.

Por todo o Velho Testamento lemos *"se vocês fizerem isso, vocês terão aquilo...".* Era uma lei para o conhecimento da alma do homem, mas o homem não conseguia ser fiel. A lei foi boa, porque mostrou que ninguém é perfeito, que ninguém pode sobreviver, ela mostrou o pecado e mostrou que precisamos de um salvador.

No Novo Testamento é diferente, pois não trabalhamos mais na alma, na carne, nós trabalhamos no espírito. Agora Deus não nos impõe leis. Ele nos deu o novo nascimento e nós não ganhamos a salvação pela lei, mas ganhamos pela graça, ou seja, tudo o que Ele nos dá é resultado do novo nascimento.

A igreja nasce no espírito porque ela nasce de novo pelo Espírito e pela Palavra, mas ela não consegue viver no Espírito, não consegue receber orientação do Espírito.

As pessoas não conseguem viver na força do novo nascimento. Elas nascem de novo e esperam um dia encontrar Deus lá no céu, talvez um velhinho, muito simpático, sorridente e alegre, entretanto não é assim. Quando nascemos de novo temos uma natureza nova que Deus nos deu, com uma condição maravilhosa de poder adorá-lo e também receber sabedoria e informação do céu, para que nós venhamos trabalhar para Deus.

Muitas pessoas não compreendem isto é, mesmo assim, tentam fazer as coisas para Deus. Até fazem, mas as fazem na alma, gastam todo o seu potencial sem conhecimento algum, porém sequer sabem quem são.

CAPÍTULO 2

E ENTÃO, QUEM SOMOS?

Somos um ser tríplice, criado por Deus. Somos um espírito, temos uma alma e habitamos num corpo físico.

Existe uma diferença entre essas três partes de nós, porém, cada qual tem sua razão de ser.

CORPO – Há quem queira se relacionar com Deus fisicamente, mas só podemos nos relacionar fisicamente com as coisas físicas. Nosso corpo é somente um veículo, um embrulho, um 'contêiner', nada mais.

ALMA – A nossa alma foi criada por Deus com uma particularidade: ser inteligente e ter sabedoria própria. Deus a criou com alguns atributos, como desejos, vontades, intelecto.

Uma coisa que entendi depois de muitos anos de oração no espírito, foi que Deus me libertou daquilo que era o centro da minha personalidade como alma e me fez um homem livre.

Pessoas não podem entrar no centro da nossa personalidade, da nossa alma, não podem nos ajudar. Existe um limite para uma pessoa ajudar à outra, existe um limite em nós mesmos, e é a Bíblia que declara isso. Mas em Deus não há limites porque foi Ele quem nos fez, Ele é o autor de nossos corpos, Ele é o criador de nossa alma e a conhece total e absolutamente.

Nem nós mesmos nos conhecemos. Quando conseguimos nos entregar a Ele, Ele vai ajustar todas as coisas, cada uma daquelas coisas que nem nós mesmos podemos ajustar em nós, aquelas que somente Ele, que nos criou, pode.

A maioria das pessoas não alcançou isso, porque fazem as coisas para Deus na sua alma e ainda de maneira errada, porque não tem o centro de suas personalidades livres. Elas não decidem e estão, simplesmente, fazendo o que todos fazem.

Sempre digo que a "igreja primitiva mudou o mundo de então, o mundo em que vivia, mas atualmente, o mundo em que vivemos muda a igreja de agora".

Porque isso ocorre ?

Existe uma grande diferença. Os homens e mulheres primitivos eram livres no centro das suas personalidades. É o que a Bíblia fala, muitas vezes, sobre coração, quando os desejos estão livres do desejo pecaminoso, quando o nosso intelecto, a nossa sabedoria não está mais presa por raciocínios, por fortalezas e nós podemos, então, decidir. Começamos a entender isso quando compreendemos quem somos e o que podemos entregar para Deus trabalhar. É impossível adorar a Deus na alma. Atualmente não há essa liberdade na igreja contemporânea.

 Louvor e Adoração, são coisas totalmente distintas. A Bíblia diz: "todo ser que respira louve ao Senhor". Um animal louva a Deus, assim como toda a criação.

Jesus disse: "Bem disse Isaías, que esse povo não consegue Me adorar. É uma adoração vã, está baseada em entendimentos errados e produtos da alma errados".

> *"E ele, respondendo, disse-lhes: Bem profetizou Isaías acerca de vós, hipócritas, como está escrito: Este povo honra-me com os lábios, mas o seu coração está longe de mim".*
>
> **MARCOS 7:6**

Ele disse isso, porque havia todo um movimento religioso, mas não havia vida nesse movimento. Disse ainda não haver como as pessoas adorarem a Deus na força de suas almas.

"Mas a hora vem, e agora é, em que os verdadeiros adoradores adorarão o Pai em espírito e em verdade; porque o Pai procura a tais que assim o adorem.

"Deus é Espírito, e importa que os que o adoram o adorem em espírito e em verdade".

JOÃO 4:23-24

Espírito – O espírito é a nossa porção que se relaciona com Deus e é a única forma verdadeira de O adorarmos.

Não podemos adorar a Deus na alma, temos de adorá-Lo no espírito. Quando fizermos isso, seremos tratados por Ele, seremos curados e nossa alma será liberta.

Quando adoramos a Deus algumas coisas acontecem, elas simplesmente mudam. Quando homens e mulheres que nasceram de novo se colocam na presença de Deus, não somente para ouvir pregações sobre adoração, mas para realmente adorá-Lo, fechando-se num quarto, esquecendo-se de todas as outras coisas, somente entregando-se a Deus espiritualmente, as coisas vão suceder progressivamente.

Você pode comprovar por si mesmo. Tente!

CAPÍTULO 3

MEDITANDO NA PALAVRA

Muitas pessoas meditam de maneira errada na Palavra.

A Bíblia contém a sabedoria e a vontade de Deus para nós, mas ela não tem um fim em si mesma. Para nós, ela termina em Apocalipse, mas para Deus não. A Bíblia é simplesmente um meio de nos levar à presença dEle, pois o fim de todas as coisas é Ele.

Por favor compreenda-me bem, pois eu creio que a palavra é a única coisa que é igual a Deus.

Não podemos nos limitar a meditar na Palavra por desencargo de consciência, temos de ir à Bíblia como a um meio hábil a nos introduzir na presença de Deus.

A experiência com Deus é que vai nos mudar. A Palavra é um dos meios de irmos à presença de Deus, assim como a adoração.

Posso afirmar que permanecer na presença é a maior e mais maravilhosa experiência que qualquer ser humano pode pretender.

Não precisamos de uma banda ou de quem quer que seja nos observando ou conduzindo a isso, bastam apenas irmos em nome de Jesus com o desejo de adorá-Lo. Pelo novo nascimento, podemos dizer: "Pai, chego a Ti em nome de Jesus e quero Te adorar".

No momento em que estivermos adorando-O, em e com nosso viver diário, certamente vão acontecer algumas coisas e seremos transformados pelo Seu poder.

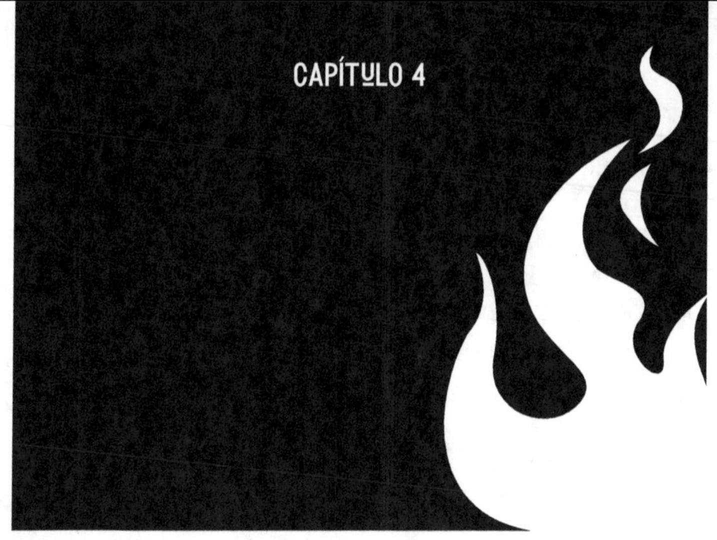

CAPÍTULO 4

VIVENDO NO ESPÍRITO

Viver no espírito não é vivermos uma vida superficial, mas é aprofundar-nos espiritualmente em Deus, num relacionamento íntimo.

Crente carnal é todo aquele que não consegue meditar na Palavra, não consegue orar, jejuar nem adorar. Ele só tem experiências na superfície, onde os homens podem ministrar, onde as limitações existem.

Afirmo que por mais ungidos que sejam os ministradores, eles jamais poderão tomar o lugar de Deus em nossa vida. Eles podem indicar o caminho e nos fazer dar as mãos ao Espírito Santo, mas nós temos de aprender a entrar na profundidade de Deus por nós mesmos, sem intermediários ou 'muletas'.

Por mais ungida que seja a pregação de alguém, ela não pode nos levar às profundezas do Espírito Santo de Deus, porque um dia esses pregadores irão embora e ainda teremos que continuar vivendo no espírito.

Só há uma vida para nós que nascemos de novo.

O apóstolo Paulo diz que os que nascem no espírito, vivem no espírito, os outros estão em morte, porque estão na carne. Ele diz que temos duas naturezas, uma que nos 'puxa' para as coisas de Deus e outra que nos induz para longe das coisas de Deus.

> *"Porque, se viverdes segundo a carne, morrereis; mas, se pelo Espírito mortificardes as obras do corpo, vivereis.*
>
> *"Porque todos os que são guiados pelo Espírito de Deus, esses são filhos de Deus".*
>
> **ROMANOS 8:13-14**

Uma das coisas pelas quais nós sofremos muito, principalmente nos países sul-americanos, é o fato de cultivarmos e gostarmos muito de 'oba-oba', de coisas superficiais. Vivemos na ilusão de que ouvir uma mensagem ou participar de um seminário vai mudar a história da nossa vida.

Um seminário, uma pregação, um acampamento ou o que quer que seja não pode mudar nossa vida. Somente Deus pode fazer isso. Jamais encontraremos respostas humanas para nos conduzir, jamais acharemos algo que caiba no lugar de Deus.

Encontraremos pessoas pregando, as quais apontarão caminhos e leis para praticarmos, no entanto a adoração pode ser feita por qualquer um, basta apenas ter nascido de novo.

A base da expectativa das pessoas, atualmente, é superficial, não há uma vida mais profunda, entretanto, quando começamos a adorar a Deus começamos a viver no espírito, a respirar as coisas do espírito. Quando nos entregamos a Deus em oração e na meditação da Palavra, Ele muda a nossa vida e nos permite entrar na operação da fé.

Quem nos conhece é o nosso espírito que nasceu de novo, e ele também conhece o Espírito de Deus e quer comunhão com Ele, mesmo que silenciosamente, sem palavras, entregando-nos para sermos tocados, fazendo com que coisas antes superficiais e obsoletas se tornem vivas e verdadeiras."*Pois, quem conhece os pensamentos do homem, a não ser o espírito do homem que nele está? Da mesma forma, ninguém conhece os pensamentos de Deus, a não ser o Espírito de Deus".* I Corintios 2: 11.

Às vezes, depois de muita comunhão com o Espírito Santo, ficaremos admirados do conhecimento do nosso espírito, de como ele sobrepujará nossa alma, pois há um lugar mais profundo em Deus. *"Mas Deus revelou a nós por meio do Espírito. O Espírito sonda todas as coisas mais profundas de Deus ".* I Corintios 2:10

Existem muitas coisas dentro das igrejas que são lavagens cerebrais, são animações da alma, duram um, dois, três meses, são tratamentos humanos. Por um tempo existe uma alegria em grande parte da igreja, mas um dia ela acaba, porque era só um tratamento superficial, não era uma vida no espírito.

Qualquer movimento que não nos leve a orar, a não nos entregarmos à meditação da Palavra, ao jejum, à oração e à adoração, não tem raiz e não durará muito tempo, somente nos trará alegria por um período. Não será uma caminhada longa. Quando começarmos a adorar a Deus, a gastar tempo com Ele, começaremos a viver verdadeiramente, e de fato, no espírito. Teremos nossas próprias experiências com o Espírito Santo de Deus.

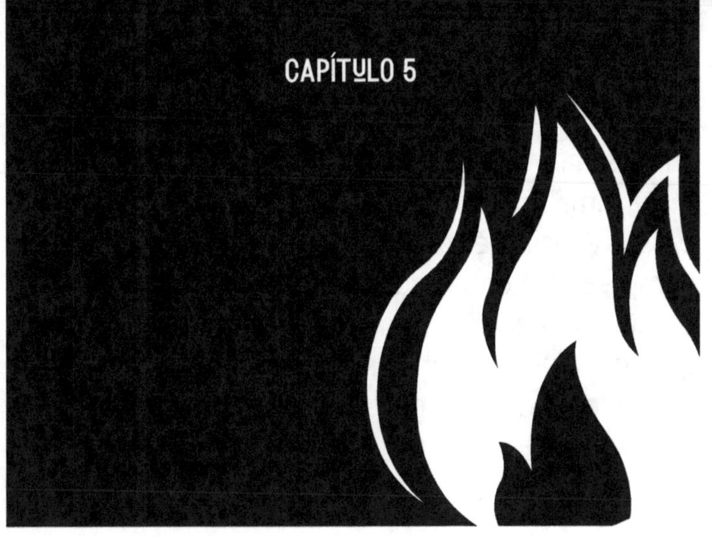

CAPÍTULO 5

RESTAURANDO O CENTRO DE NOSSA PERSONALIDADE

A través da adoração, Deus trata da nossa alma, do nosso caráter, dos nossos desejos e vontades.

O profeta Isaías teve uma experiência de adoração no templo e quando isso ocorreu, ele se enxergou pecador, um homem com problemas na alma.

Ele era amigo do rei e quando este morreu, isso afetou sua vida e deixando-o sem saber o que fazer. No momento que teve uma experiência íntima com Deus, através da adoração, ele teve uma visão do templo e sua alma foi totalmente restaurada. A partir daí, ele passou a ter visões proféticas do Messias, conseguindo compreender coisas que estavam além de sua mente, coisas que nem ele nem ninguém tinham visto. Sua vida foi afetada de tal maneira que ele trouxe as profecias de nascimento, morte, crucificação e ressurreição de Jesus Cristo.

A mulher samaritana é outro exemplo. Enquanto tirava água em um poço, o Senhor Jesus chegou e começou a conversar com ela. Naquele tempo, judeus e samaritanos eram inimigos religiosos, por isso ela se admirou. Jesus começou a falar sobre vida eterna, a revelar sobre a sua vida, sobre os problemas da sua alma, sobre os homens a quem ela se entregara, que havia se deixado escravizar por sua condição sexual, buscando algo que, embora incessantemente procurasse, não havia saciado sua alma. Talvez nem mais vontade própria ela tivesse.

Jesus ensinou à mulher samaritana sobre adoração que a levaria a um caminho de libertação. Quando ela entendeu isso, voltou para sua cidade. Os homens correram para ela (ela era escrava disso), entretanto, ela lhes diz que agora, finalmente, tudo havia mudado e o controle de tudo, de toda a sua vida, estava em Jesus.

As mulheres hoje em dia, em especial no Brasil, não têm zelo e respeito ao se vestirem, andam semi-nuas, mesmo dentro das igrejas, pois o diabo, através da moda da nossa cultura, destruiu-lhes o centro da personalidade.

Por que uma pessoa tem de descer tão baixo para mostrar que é alguém? Por que uma garota de 14 anos, ou até menos, tem de mostrar sua nudez para provar que é bonita? É porque o diabo usa os homens dessa nação para escravizarem as mulheres e tornarem-nas objetos dos seus desejos sexuais. Todo o direcionamento da mídia é para a mulher, unicamente, como um símbolo sexual e com isso mulheres disputam um mercado, ficando nuas, para provarem que são alguma coisa. Elas não têm mais comando no centro das suas personalidades, suas almas estão impregnadas da vontade do Homem.

Os homens exigem que as mulheres sejam um pedaço de carne, mas Deus as vê de outra forma. Também os homens cristãos, livres, que já foram tratados por Deus, as vêem como um ser humano, com respeito.

Quando uma pessoa já não é mais dona da sua vontade, só erra, em tudo.

Não precisamos mais provar nada para ninguém. Quando nascemos de novo Deus já nos colocou em cima e não precisamos mais descer. Quando adoramos a Deus é isso que Ele quer fazer, ou seja, fazer com que novamente sejamos livres nos nossos desejos.

Muitos estão agindo erradamente dentro das igrejas, sentados lado a lado com as mãos levantadas ao céu, mas ainda não foram livres nas suas almas, nos seus desejos. Podem até pular e cantar, no entanto é tudo oco, um êxtase emocional, um nada.

Deus quer nos transformar em pessoas com capacidade de decidir. Não será mais a moda, a pornografia, o mundo, quem decidirá por nós. Deus quer nos fazer homens e mulheres livres.

Muitos não querem adorar a Deus porque não querem largar essas coisas. Deus não obriga ninguém.

À medida que o nosso espírito vai se perdendo em Deus, o poder dEle vai curando nossa alma, renovando-a e libertando-a de tudo o que não Lhe apraz.

Podemos esconder o que somos e fazemos de tudo e de todos, exceto de Deus e de nossa mente, porém, quando formos totalmente livres, faremos as coisas como Deus deseja. O que fazemos escondido é o que nos mata e Deus quer matar isso.

É muito comum ministérios começarem bem e morrerem no caminho. Deus gostaria que fosse diferente, mas em vez de pessoas se entregarem a Deus para que Ele destrua o mal que está na alma delas, elas alimentam ainda mais esse mal. Quanto tempo cada um de nós gasta em frente à televisão, recebendo informações que aprisionam nossa alma, como o sexo errado, amizades falsas, contribuições erradas, etc.? O mundo nos ensina errado e nos conduz a um grande sofrimento, mas, quando nos entregamos a Deus, tudo muda.

Quando somos libertos na nossa alma, nossos valores mudam e nossos desejos são transformados.

Deus transforma homens e mulheres carnais em homens e mulheres santos.

CAPÍTULO 6

SENDO VERDADEIROS DIANTE DE DEUS

Nada mais nos torna verdadeiros diante de Deus a não ser a adoração.

Podemos convencer os outros de quem somos, ou de quem gostaríamos de ser, mas não somos verdadeiros, entretanto, quando verdadeiramente adoramos a Deus, podemos ter quaisquer problemas (desejos errados, medos, etc.) que ainda assim nos tornaremos verdadeiros diante dEle, despidos de tudo que não seja nosso espírito.

Se nascermos de novo, temos a condição de entrarmos em Deus. A Bíblia diz que agora é o tempo em que Deus procura verdadeiros adoradores que O possam adorar em espírito e em verdade.

> *"No entanto, está chegando a hora, e de fato já chegou, em que os verdadeiros adoradores adorarão o Pai em Espírito e em verdade. São estes os adoradores que o Pai procura".*
>
> **JOÃO 4:23**

No momento em que vamos para Deus em espírito, estamos sendo verdadeiros diante dEle, mesmo que tenhamos problemas, que sejamos fracos. Não importa! Entregando-nos a Deus Ele muda nossa vida, nos leva para dentro dEle, morreremos nas nossas carnes e nos nossos desejos e ganhamos sabedoria. Deus liberta nossa alma, por mais problemática que seja, porque estamos sendo verdadeiros diante dEle.

Quando estamos em espírito, quando estamos simples e, verdadeiramente, nos entregando, não são necessárias palavras nem gestos.

Deus age no nosso silêncio, pois é o Espírito dEle quem se comunica com nosso espírito e isso não é fisicamente audível. O Espírito Santo de Deus ministra ao nosso espírito e o santifica.

O que acontece é algo que nunca experimentamos antes. É o âmago, o ápice de um relacionamento.

Se comermos quando temos fome, saciaremos nossa carne e isso nos dá certo prazer, mas não somos só uma carne. Se alguém nos falar coisas bonitas, talvez alegre nossa alma e nos dê certo prazer, mas não somos só uma alma. Fomos criados à imagem e semelhança de Jesus Cristo, somos um espírito eterno, nascemos de novo, somos livres para sempre e Deus quer que tenhamos uma experiência com tudo o que Ele criou em nós, que tenhamos prazer nEle e em tudo o que tem para nós.

Certamente só aqueles que já experimentaram podem saber o que é isso, mas nada dessa Terra, nada que o dinheiro compre ou que os cinco sentidos naturais possam experimentar, é comparável com o relacionamento com Deus. Absolutamente nada.

Eu busquei muitas coisas no mundo, mas as coisas só aconteceram para mim nos momentos de adoração.

Se tivermos tudo o que Deus criou em nós nos relacionando com Ele, nos perderemos, teremos gozos acima de gozos, nós O conheceremos mais, O amaremos mais e, então, ocorrerá o que há de mais maravilhoso em nossa vida. Não vamos mais pecar por causa do inferno, não vamos mais querer andar na carne, por causa de Deus, porque experimentamos do Seu amor, do Seu relacionamento e isso é o que vale, isso é o que importa.

Hoje quando a opção do pecado aparece, o inferno não é importante para mim, mas sim esse Deus que pode me possuir, que pode possuir a minha alma e quanto mais Ele entra, mais livre ela fica.

Todas as vezes que o Senhor se relaciona comigo, ao invés de me usar, Ele me santifica, enche o meu espírito de sabedoria.

A cada relacionamento que temos com Deus não nos sentimos usados, mas sentimo-nos abastecidos, por isso, adorar a Deus é importante. m

Eu, verdadeiramente, afirmo que não posso mais viver sem isso. Às vezes converso com pessoas, mas conversas têm limites, entretanto, se eu puder parar um dia ou mais, sozinho no meu quarto, sem falar com ninguém, somente adorando a Deus, posso sentir Suas "ondas" chegando sobre mim, posso sentir Seu amor. Mais tarde, quando estou trabalhando para o meu Senhor, posso ver tudo o que Ele fez.

Se você quer ter a sua vida mudada para sempre, já sabe que o caminho é somente adorar a Deus.

A adoração nos conduzirá à presença de Deus até aquele momento em que vamos vê-Lo, em que vamos experimentar Sua glória, quando tudo será diferente. Nunca mais seremos as mesmas pessoas. A glória dEle nos tocará, tocará nossa carne, nossa alma, nosso espírito e uma vez que temos essa experiência, ninguém mais arrancá-la-á de nós. O diabo pode roubar pregações, mas nunca experiências com Deus.

Indiferente do lugar onde você estiver, até mesmo entre centenas de pessoas, algumas até endemoniadas, entre tumultos, somente adore a Deus, perca-se em Sua presença e, com certeza, o ambiente será mudado. Ele aparecerá porque quer se relacionar com você.

O relacionamento de um adorador com Deus provoca uma sensação que toca todos que estão ao redor.

CAPÍTULO 7

CONHECENDO A DEUS

Quando nascemos de novo, nosso espírito recebe a mente de Cristo. O apóstolo Paulo diz que ninguém conhece o homem, senão o espírito que está nele e ninguém conhece a Deus, senão o Espírito de Deus, e não conhece somente a Deus, mas conhece as profundezas de Deus.

> *"Porque qual dos homens sabe as coisas do homem senão o próprio espírito que nele está ? Assim também as coisas de Deus ninguém as conhece senão o Espírito de Deus".*
>
> **I CORÍNTIOS 2:11**

Os pregadores podem falar sobre Deus para nós, pois têm conhecimento de Deus, mas não podem nos levar para dentro de Deus, pois isso somente o Espírito Santo pode fazer.

O que recebemos das pessoas é superficial, mesmo sendo homens e mulheres de Deus. Suas mensagens, ainda que poderosas, só indicam um caminho, uma maneira para andar com Deus e isso não quer dizer que, pelo fato de as ouvirmos, já estejamos andando com Ele. Só quando praticarmos, no dia a dia, poderemos entrar numa caminhada com Deus.

As pregações dizem onde Deus esteve ou poderia estar, a adoração mostra aonde Deus está na sua vida e chamado.

Não podemos viver de emoções, que moram na alma e não vão além dela. Não podemos viver de conhecimentos superficiais, errôneos, humanos, sem operações espirituais. Temos de mudar de vida (oração, meditação na Palavra, adoração e jejum, algo que penetre e permaneça no espírito), pois somente assim estaremos nos aproximando de Deus. Emoções são como fumaça, quando passa não sobra nada.

Não podemos conhecer a Deus racionalmente, pois a Bíblia diz que Deus é Espírito e somente O conhecemos com nosso espírito.

Podemos ter nossa mente afetada e não andarmos no espírito. Podemos ter nossas emoções impactadas e isso não quer dizer que estamos andando no espírito.

Quem nos conhece é a nossa mente espiritual, que talvez ainda nem tenha sido devidamente desenvolvida em nós e, muitas vezes, ainda está dormindo dentro da igreja de Cristo. Com isso, queremos condicionar Deus dentro do nosso cérebro.

"Porque, qual dos homens sabe as coisas do homem, senão o espírito do homem, que nele está? Assim também ninguém sabe as coisas de Deus, senão o Espírito de Deus."

I CORINTIOS 2:11

É impossível desenvolvermos adoração simplesmente na força da nossa alma, pois Deus fez com que nascêssemos de novo e, através do novo nascimento, que ocorre no nosso espírito, poderemos verdadeiramente adorar a Deus e isso não será algo superficial. Poderemos conhecer a Deus de fato.

Uma pessoa pode ter sua alma cheia, repleta das coisas de Deus e isso não significar que ela andou em Deus ou mesmo que ela conheça alguma coisa das profundezas de Deus.

Ninguém pode passar uma experiência pessoal com o Espírito Santo para outra pessoa. Essa experiência é individual, é única e exclusiva, é um conhecimento de Deus e será para sempre, ao contrário de coisas que são marcadas em nosso raciocínio e algum tempo depois não existem mais, são esquecidas. É algo pessoal, intransferível, é uma marca que somente Deus pode fazer no homem.

Abraão foi um exemplo de pessoa que adorou a Deus em circunstâncias contrárias. Como muitos de nós, ele gastou muito tempo e raciocínio com Deus tentando sair de problemas, mas não conseguiu.

Deus o chamou, sendo ele um homem natural, e ordenou que saísse do meio de sua parentela para ser abençoado. Disse que nele bendiria todas as nações da Terra, e sua descendência seria como as areias da praia e como as estrelas do céu, incontáveis. Disse ainda que ele veria coisas visíveis e invisíveis, que teria bênçãos da prosperidade física e financeira e que algo agiria sobre ele sobrenaturalmente. Quem o abençoasse seria abençoado e quem o amaldiçoasse seria amaldiçoado.

Abraão creu e começou a andar. Deus, entretanto, precisava ministrar a ele e o fez de maneira peculiar.

Primeiramente Deus permitiu que ele O conhecesse de maneira natural, através de uma manifestação superficial.

Deus mandou-o contar as estrelas do céu, para fazê-lo compreender como seria a sua descendência.

Tudo o que vemos é superficial, enquanto que o verdadeiro é o que não vemos. Toda prosperidade que vemos, por mais valor que demos a ela, é superficial, só serve para o material, só pode agasalhar nosso físico, mexer ou aprisionar nosso ego.

Superficialmente Abraão tinha muitas coisas. Era um homem rico, um guerreiro poderoso que derrotara reis, era respeitado na terra, entretanto, tinha um conhecimento superficial de Deus, só O conhecia levianamente. Sua mente era muito limitada, mesmo havendo uma disposição de crer. Deus lhe fizera uma promessa, mas ele ainda não vislumbrava o seu cumprimento, ainda preocupado com coisas físicas.

Abraão dá um passo tentando talvez ajudar a Deus e arruma um filho dele, da sua carne. Ele errou.

É uma figura da igreja que faz coisas erradas, porque não se movimenta dentro das coisas do Espírito e sim dentro das suas próprias condições.

Deus queria levar Abraão, assim como quer levar a igreja, a um lugar onde não haja possibilidades de operações humanas onde havia somente operações de Deus. Um lugar de um conhecimento que transpasse o conhecimento humano.

Deus quer nos levar a um lugar nEle, que está fora da razão natural, pois as Suas coisas estão num limite acima do natural.

Abraão e Sara estavam em idades de impossibilidades humanas para concepção, porque suas carnes tinham morrido para isso, entretanto, a Palavra de Deus pôde se manifestar nele, um anjo apareceu e lhe disse que Isaque nasceria.

Abraão olhava para Isaque e talvez pensasse: "Agora sim, a promessa já pode se cumprir. Já tenho para quem deixar tudo, já tenho uma descendência que vai se multiplicar".

E Deus leva Abraão a conhecer uma lei – a mesma que quer que a igreja conheça. Leva-o a conhecê-Lo no espírito.

Deus pede que Abraão sacrifique Isaque com 16 anos.

Na verdade, Deus não estava pedindo o filho dele, e sim a ele mesmo, a Abraão. Deus queria que ele se sacrificasse. Deus queria levar Abraão a conhecer as coisas do Espírito de Deus, senão ele iria morrer, crendo, sem conhecer.

A maioria de nós talvez morra sem conhecer o que Deus tem para nós. Talvez muitas chamadas nunca foram ativadas, porque o que se desenvolveu na igreja foi uma vida na carne, são pessoas com desejos carnais, correndo atrás de coisas carnais.

Deus queria era que Abraão, o pai da fé, não morresse sem conhecer coisas do Espírito. Ele conhecia as bênçãos de Deus, mas não conhecia o que estava inserido na trindade de Deus, não conhecia a personalidade de Deus. Abraão só conhecia o que Deus externava, o que Deus criara. Enfim, conhecia as criaturas, mas não o Criador, conhecia as bênçãos, mas não conhecia o Deus que abençoa.

Deus não é uma religião, uma chamada, um ministério, um templo. Todos os ensinamentos de Jesus Cristo sempre foram proferidos enfatizando que Deus é uma pessoa.

Temos quase tudo memorizado em nossa mente, mas nunca, de fato, descemos ao Espírito de Deus. Infelizmente.

Quando Deus pediu Isaque Ele estava provando Abraão e não Isaque. Deus trouxe Abraão a uma realidade espiritual.

Certamente Abraão deve ter olhado para os céus e pensado naquilo que, durante os últimos 70 anos, Deus havia incutido nele sobre sua descendência. Abraão deve ter se questionado sobre como poderia exterminar a promessa de Deus.

Creio, de todo o meu coração, que Abraão era um homem muitíssimo inteligente, humanamente falando, e penso que deve ter meditado de todas as formas possíveis e imagináveis sobre uma forma lógica para uma saída para essa questão, mas não achou, em todo o seu conhecimento, uma resposta sobre como cancelar esse ato sem desobedecer a Deus.

Abraão vai ao sacrifício e chegando ao Monte Moriá, diz aos seus escravos que aguardassem enquanto ele e o menino iriam adorar a Deus. Abraão amarra Isaque e o oferece como sacrifício. Pega um cutelo para sacrificá-lo. Isso era o lógico na sua mente, era somente até aí que seu raciocínio podia chegar, entretanto, quando começa a adorar a Deus tem uma experiência sobrenatural, além do raciocínio, e entra em lugares onde jamais entraria com sua mente natural. A Bíblia diz que ele conhece duas coisas que ultrapassam o tempo do raciocínio:

Passa para antes da fundação do mundo e começa a se perder dele mesmo, do seu conhecimento natural, do que ele teria que fazer com Isaque. À medida que começa a adorar a Deus ele começa a retroagir, fugindo de sua própria mente e volta ao princípio de tudo.

Antes da criação não havia nenhuma coisa visível, somente o Espírito Santo de Deus.

Deus tirou todas as coisas visíveis de Abraão. Tirou a visão do seu filho físico e deixou a visão Espírito Santo de Deus.

Enquanto não formos num lugar em Deus onde perderemos a visão de todas as coisas visíveis, nunca conheceremos a Deus. É preciso perder a visão para as coisas visíveis, para as coisas superficiais, sem valor, para entrarmos no que Deus tem para nós.

Não importa o quanto 'conheçamos' a Deus. Se não somos afetados por esse conhecimento, isso é superficial, é leviano.

Muitos, quando matam Isaque, acham que acabou tudo, que a promessa se foi, que não tem mais jeito.

Não conhecem a Deus.

Nenhum homem conhece verdadeiramente a Deus. Tem de entrar no Espírito de Deus, onde estão as coisas verdadeiras.

Deus levou Abraão para antes da fundação do mundo e ele pôde ver que milhares de anos depois no lugar de Isaque, Deus prepararia um cordeiro. Antes que todas as coisas pudessem ser vistas pelos homens Deus já havia arrumado uma solução para o que era insolúvel na mente de um homem. O que a razão buscou e não achou, o que a razão não encontrou estava perdido dentro do Espírito de Deus. Era um conhecimento de Deus e não de homens.

Todos os que um dia professaram a fé em Cristo Jesus tornaram-se como Abraão e têm de conhecer o que Deus pensa a seu respeito.

Podemos nos gabar de muitas coisas, mas tudo o que é visível não tem nenhum valor. Se não entendermos as coisas verdadeiras (espirituais) que estão por trás das coisas que vemos (materiais), sempre seremos frustrados.

Quando entendermos o que é verdadeiro aquilo que vemos não terá tanto valor assim.

Deus não está assentado num trono de pedra, visível. Ele está assentado num trono de glória, invisível.

Muitas pessoas oram por coisas superficiais, porque nunca souberam o que é o céu.

A igreja tem vivido tão longe das coisas espirituais, tem vivido na força da sua mente, da sua alma, dos seus conhecimentos, mas o que fará que ela entenda e permaneça em pé para o grande avivamento é, verdadeiramente, conhecer a Deus, não um 'pseudo' conhecimento.

Agora Abraão conhece outra coisa: a ressurreição dos mortos.

Como um homem poderia conhecer alguma coisa que se deu visivelmente, mas que ninguém havia visto na Terra? Jesus Cristo foi o primeiro a ressuscitar dos mortos e Ele viveu muitos anos depois de Abraão.

Um dia, conversando sobre Abraão com alguns religiosos, o Senhor Jesus Cristo disse: "Abraão viu o meu dia, alegrou-se nele, regozijou-se nele, pulou nele...".

Que dia foi esse, se Abraão viveu muitos e muitos anos antes de Jesus?

Como Abraão poderia ter visto algo que ainda não havia acontecido? Como a fé poderia ser visível para um homem se ainda não tinha acontecido?

No coração de Deus já havia acontecido e lá Abraão viu coisas que nem um homem da Terra poderia ver.

Quando saiu do coração de Deus, novamente passou por todas as gerações e quando Isaque lhe inquire a respeito do cordeiro, ele diz: "Meu filho, eu conheci a Deus e o cordeiro não sou eu quem vai prover. Ele é quem proverá".

Abraão não falava para Isaque, falava para si mesmo, pois antes de entender que um cordeiro morreu por ele, não poderia passar-lhe essa vida. E Abraão conhece a Deus, conhece coisas que são impossíveis de se conhecer na mente natural, humana, e Deus lhe dá uma experiência que o livra desse momento cruel. Ele volta para casa com seu filho. E sua descendência se estende até chegar a Jesus e, depois de Jesus, a nós.

A possibilidade está dentro do natural, daquilo que podemos armar a nível de conhecimento humano, e o impossível está dentro do sobrenatural.

Quando o adoramos entramos na situação de Deus e Deus entra na nossa circunstância.

Ser sábio espiritualmente é ser mudado por Deus. Ter discernimento espiritual acompanhado de poder é muito importante para não ser enganado.

Nossa carne não gosta de morrer, por isso saímos da teologia da pobreza, aquela que nos ensinaram que agradava a Deus, e criamos uma nova, que ensina que Deus é um supermercado, ou seja, Ele só tem coisas para nos dar, quer encher nossa alma de "presentes". Infelizmente nós não somos sábios o suficiente para morrermos para toda essa ignorância e ganharmos o que a primeira igreja teve.

Aqueles homens e mulheres iam a qualquer lugar que Deus os enviasse e tinham toda a sabedoria e todo o conhecimento dos céus para quebrar o poder do diabo. Tinham discernimento do que estava acontecendo no mundo espiritual e, por isso, lançavam a Palavra de Deus com poder.

Uma das coisas que acontece quando adoramos a Deus é que "ondas" do Espírito Santo de Deus nos envolvem.

Infelizmente, a maioria das pessoas, e até dos pregadores, tem medo de adorar a Deus, porque terão de mudar muitas coisas na sua vida, muitas coisas terão de acabar.

Adorando a Deus experimentaremos "ondas" do mover do Espírito Santo em nós e uma "onda" pega outra e outra que nos levará para as profundezas de Deus, e lá nós vamos morrer.

Nesse momento nossa carne grita com medo e uma das coisas que a profundeza de Deus impõe nela é justamente isso: medo de largar essa vida.

As pessoas preferem continuar recebendo uma coisa superficial, visível, sem descer para as profundezas de Deus, o que ocorre através da adoração.

Nossa alma, que só quer uma ilusão a respeito das coisas de Deus, não quer que O conheçamos verdadeira e intimamente, porque sabe que Ele nos matará, matará a sua força e fará nascer um homem ou uma mulher espiritual, que conhece a Deus e às coisas de Deus.

Ou nós matamos o mundo e nossa alma ou eles nos matam. Por onde passamos, pelo que passamos, a maneira pela qual Deus nos deixou em pé... por tudo isso é duro admitir que a maioria de nós tem medo de mudar. Por exemplo: a avareza. A maioria de nós tem medo de largar a avareza, pois, se a largarmos, vamos contribuir, prosperar. Tudo o que queremos é controlar, se possível, até mesmo Deus.

Só de pensar em perder todo o "controle" que temos, ou julgamos ter, tememos adorar a Deus e deixá-Lo ser Senhor absoluto.

Não queremos morrer, não queremos mudanças, temos medo.

Não queremos ser como a igreja primitiva que morreu para as coisas do mundo, sendo diferente e fazendo diferença.

Se, simplesmente, ouvirmos mensagens e pregações não chegaremos a um relacionamento com Deus, não conseguiremos adquirir sabedoria, profundidade de compreensão e dimensão de cada coisa, não teremos discernimento espiritual e, como conseqüência, nos tornaremos alvos fáceis para o inimigo. A única maneira de nos escondermos dele é entrando nas profundezas de Deus, e só a adoração faz isso.

A adoração faz com que vivamos no espírito o que como seqüência natural, produzirá em nós sabedoria. Entraremos em lugares incompreensíveis à nossa mente natural e começaremos conhecer a Deus e falar das grandezas dEle. Conheceremos coisas que estão além de nossa mente e saberemos como vivê-las e aplicá-las.

Sabedoria somada a discernimento com poder traz sucesso aos ministérios. Um sem o outro é inócuo só resulta em destruição.

Quanto mais entrarmos em Deus, mais nossa alma ficará sufocada, nossa carne ficará asfixiada e mataremos o poder que o diabo tem de operar em nós. Destruiremos nossas fraquezas e Deus nos tornará sábios.

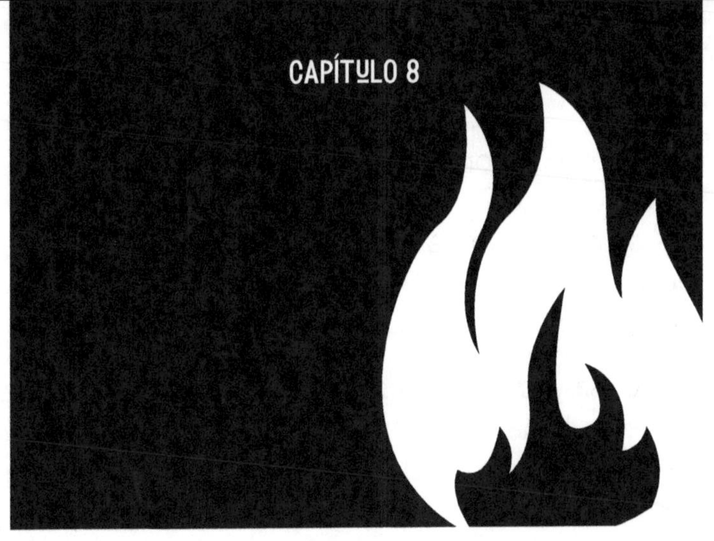

ADORAÇÃO

A doração não é uma habilidade natural, não vem da força da nossa mente. Adoração é um produto do espírito.

Adorar é nos entregarmos espiritualmente a Deus, é algo incompreensível à nossa mente natural, é um momento em que começamos a entrar no coração, no projeto, na vontade e no conhecimento de Deus. A Bíblia diz que perdemos nosso conhecimento a respeito de Deus para recebermos o conhecimento em Deus. Não será mais emocional, será espiritual, fora da alma, mas dentro do espírito.

Entregue-se a Deus. Procure se fechar em um quarto por um dia inteiro, perdido em Deus, buscando uma coisa que não consegue achar em sua mente e uma onda de Deus o levará para outra e mais outra e todas o conduzirão para dentro das profundezas dEle. Quando isto acontecer, você entenderá o que é realmente adoração.

São coisas que estão escondidas só em Deus e Ele usará você com uma particularidade tal que ninguém vai entender, não haverá mente que possa compreender, ninguém saberá o que você viu. É seu e de Deus.

Podemos ter uma infinidade de problemas, talvez até consigamos listá-los em muitos papéis, mas se nos perdermos em adoração Deus vai entrar em nossas situações e vai nos levar para dentro do conhecimento dEle e vamos, então, entrar na situação de Deus. Muitas coisas na Terra não terão mais valor para nós. Não andaremos mais pelas nossas mentes naturais, andaremos pelo sobrenatural de Deus.

Hoje eu sei que grande parte, ou quase tudo, o que aconteceu em minha vida é fruto desses momentos que eu estive perdido dentro de Deus, mas eu jamais poderia ir lá por quem quer que seja, exceto por mim mesmo, através da ação sobrenatural do Espírito Santo em mim.

Você precisa descobrir tudo sobre Deus. Eu não posso ajudá-lo. É só o Espírito Santo.

Eu precisei sacrificar o que eu pensava ser importante, e cada vez que eu entro mais em Deus eu vejo que ainda há coisas vivas em minha carne que têm medo de se perder em Deus porque sabem que vão perder o controle, mas o meu espírito tem fome e ele grita para estar perdido dentro de Deus.

Creio que Deus há de levantar uma igreja para um grande avivamento, mas a igreja que acredita somente nessas coisas visíveis não fará essa obra.

Todas as bênçãos de Deus são para nós, mas elas ainda são menores, infinitamente menores, do que aquelas não visíveis.

Muitos nunca querem entrar, nunca querem sair da condição de raciocínio em que estão e, por isso, nunca experimentarão nem nunca conhecerão o que Deus tem para eles.

Qualquer homem ou mulher que Deus usou nessa Terra não pôde ir na força da sua mente, porém o foi na força do conhecimento de Deus.

A adoração nos sugará para dentro de Deus, fará com que nos percamos dentro dEle.

Na adoração não tentaremos convencer Deus de nada, simplesmente nos perderemos nEle, sabendo que estamos trocando de lugar, Ele estará entrando em nossa situação e nós entrando na situação dEle.

Perder-nos-emos dentro do Espírito dEle, entraremos num lugar onde homem nenhum pode nos levar, nem tampouco nossa mente, mas o nosso espírito, sabe da necessidade que temos de sermos ensinados por Deus, de sermos ministrados em Deus, de conhecermos coisas que a mente humana não pode focalizar e nem sentir. O Espírito Santo, que me conhece, que sabe que eu nasci de novo e quero mais das coisas de Deus, vai lá no fundo onde nem o diabo e nem ninguém pode conhecer, e começa a ministrar as coisas de Deus a mim. Ninguém conhece a Deus senão o Espírito de Deus.

Você pode ser estimulado um tempo dentro da igreja, mas isso não durará para sempre, você pode nascer de novo e durante um tempo ter alegria na sua mente e na sua alma, mas se você não entrar em Deus isso cessará.

Qualquer pessoa hoje que não puder se entregar a Deus a ponto de mergulhar no Seu Espírito, não conhecerá a vontade de Deus para sua vida, pois esse é um segredo que somente Deus fala e só o faz pessoalmente.

Ele não deixou esse privilégio para ninguém, pois é um segredo que Ele escondeu no coração dEle por milhares e milhões de anos. Ele espera que um dia possamos ir lá, para, pessoalmente, nos dizer em que tempo nos fez nascer, em que tempo nos colocou aqui na Terra e com que propósito e a grandeza com que Ele vai nos usar.

Você ainda tem coragem de adorar ?

Quando entramos em adoração muitas coisas mudam em nossa vida. Nossa mente é afetadas para sempre.

Como alguém pode viver longe do Espírito de Deus?

É tão mesquinho.

Somente quando entrarmos em Deus, conheceremos de fato quem somos e a partir daí não conseguiremos nos imaginar sendo o que quer que seja além do que Ele determinou que fôssemos.

Não existirá vida para nós a não ser a que Deus quer que vivamos.

Não há coisa melhor nessa vida do que estar dentro do conhecimento de Deus.

Tudo o que vemos, que é superficial, na verdade não é nada. Temos de perseguir aquilo que não podemos ver fisicamente, que é espiritual, mas que nos leva para dentro de Deus, então compreenderemos o que o apóstolo Paulo quis dizer ao escrever em Filipenses 3:7-11:

> *"Mas o que para mim era ganho reputei-o perda por Cristo.*

> *"E, na verdade, tenho também por perda todas as coisas, pela excelência do conhecimento de Cristo Jesus, meu Senhor; pelo qual sofri a perda de todas estas coisas, e as considero como escória, para que possa ganhar a Cristo,*

> *"E seja achado nele, não tendo a minha justiça que vem da lei, mas a que vem pela fé em Cristo, a saber, a justiça que vem de Deus pela fé;*

"Para conhecê-lo, e à virtude da sua ressurreição, e à comunicação de suas aflições, sendo feito conforme à sua morte;

"Para ver se de alguma maneira posso chegar à ressurreição dentre os mortos".

CONCLUSÃO

Só o Espírito Santo de Deus é capaz de ensinar e ajudar a adorar a Deus.

Peça-lhe ajuda agora e, então, comece a adorar e a experimentar tudo o que Ele tem para você, como adorador.

Um pregador, por mais ungido que seja, jamais mudará sua vida. Você pode ser afetado e impactado por ele, mas se não se entregar a Deus tudo passará. É preciso desenvolver sua vida espiritual.

Entregar-se a Deus consiste em um ato voluntário de sua parte e requer atitude. Não uma atitude negativa, de esperar acontecer, e sim uma atitude positiva, de fazer acontecer, de ir atrás, de buscar, meditar na Palavra, orar, louvar, orar no espírito, jejuar e adorar.

Não é errado ser ministrado na alma, mas isso nunca o levará a conhecer "a" Deus. Você poderá conhecer coisas "a respeito de" Deus, mas somente no seu espírito conhecerá "a" Deus.

Seja um adorador!

Que Deus o abençoe!